AF611931

STÉNIO VINCENT

PROFESSEUR DE L'ENSEIGNEMENT SECONDAIRE

PETITES HISTOIRES

D'HAÏTI

A L'USAGE DES COMMENÇANTS

> On ne connait pas un pays dont on ne sait pas l'histoire, et comment aimer un pays qu'on ne connait pas ?
>
> Ernest LAVISSE,
> de l'Académie française.

Vve CH. DUNOD & P. VICQ

ÉDITEURS DE L'UNIVERSITÉ HAÏTIENNE

49, QUAI DES GRANDS-AUGUSTINS, 49. — PARIS

1895

PETITES HISTOIRES D'HAÏTI

A L'USAGE DES COMMENÇANTS

STÉNIO VINCENT

PROFESSEUR DE L'ENSEIGNEMENT SECONDAIRE

PETITES HISTOIRES
D'HAÏTI

À L'USAGE DES COMMENÇANTS

> On ne connaît pas un pays dont on ne sait pas l'histoire, et comment aimer un pays qu'on ne connaît pas ?
>
> Ernest Lavisse,
> de l'Académie française.

Vve CH. DUNOD & P. VICQ

ÉDITEURS DE L'UNIVERSITÉ HAÏTIENNE

49, QUAI DES GRANDS-AUGUSTINS, 49. — PARIS

1895

A MONSIEUR LABIDOU

MINISTRE DE L'INSTRUCTION PUBLIQUE, A PORT-AU-PRINCE

Paris, 10 août 1895.

Monsieur le Ministre,

Voici un tout petit livre que j'ai écrit pour l'enseignement de l'histoire d'Haïti. Je crois avoir comblé une grande lacune.

Il n'existait pas encore, en effet, de livres d'histoire spécialement destinés à l'enfance, de telle sorte qu'il fallait que l'enfant arrivât dans la division supérieure d'une école primaire pour être initié — oh! combien incomplètement — aux grands faits historiques de son pays. Souvent même, il quittait l'école sans la plus simple notion d'histoire d'Haïti. Il n'est pas rare de rencontrer tel enfant, qui a pourtant fait ses études primaires, et qui ignore à quelle époque et par qui l'île d'Haïti a été découverte. Personnellement, j'ai connu aussi des candidats à la direction d'écoles rurales qui n'en savaient pas autant. Il était donc nécessaire d'avoir un ouvrage aussi complet et aussi simple que possible, dans lequel l'enfant qui ne fait que passer par l'école primaire pût apprendre les notions historiques les plus élémentaires : c'est ce que j'ai essayé de faire.

D'un autre côté, il existe, disséminées dans les principales villes d'Haïti, une infinité de petites écoles enfantines privées où l'on se soucie fort peu, faute d'ouvrages appropriés peut-être, d'intéresser les jeunes imaginations aux faits les plus remarquables de l'histoire nationale. Ici encore, ce petit livre répond, je crois, à un besoin évident, d'autant plus qu'il s'adresse surtout aux enfants de sept à douze ans.

Les *Petites histoires d'Haïti* sont divisées en trente-deux chapitres très courts. Chaque chapitre est divisé en numéros. Le numéro contient toujours un fait relaté dans deux ou trois phrases au plus. Ce sont de courts récits, tout à fait à la portée des jeunes esprits auxquels ils s'adressent. Le style est clair, simple et précis. J'ai voulu du moins qu'il fût ainsi.

Je n'ai pas jugé indispensable, comme cela se fait d'ordinaire, qu'une série de questions correspondît à chaque chapitre. Par l'extrême simplicité, la presque familiarité même des récits, j'ai pensé qu'il ne serait pas mauvais de laisser au maître la latitude de créer lui-même un système de questionnaire proportionné à l'âge des enfants et à leur degré d'avancement. Il suffira bien souvent, d'ailleurs, de mettre le numéro d'un chapitre sous forme interrogative, pour en faire une question à laquelle l'enfant répondra d'autant plus aisément qu'il l'aura à la mémoire.

« Ce n'est point assez, dit M. Ernest Lavisse, de parler aux oreilles de l'enfant ; il y a grand profit à lui montrer par une image les hommes et les choses. » Tous ceux qui s'occupent de l'éducation de l'enfance, tous les professeurs, reconnaissent bien l'exactitude de cette opinion.

C'est pourquoi je me suis entendu à Paris avec un artiste compétent qui se charge de faire des gravures pour la deuxième édition de ce petit livre avec des indications tirées du texte. L'ouvrage sera ainsi orné de cinquante-deux vignettes.

J'ai l'honneur de vous demander, Monsieur le Ministre, en même temps que l'approbation de votre Département, l'autorisation officielle d'introduire les *Petites histoires d'Haïti* dans les écoles primaires urbaines et rurales de la République.

Veuillez agréer, je vous prie, Monsieur le Ministre, l'assurance de mes sentiments respectueux.

STÉNIO VINCENT,

1, *rue Baudin*.

PETITES HISTOIRES D'HAÏTI

I

1. — Il y a plus de quatre cents ans, notre pays était une contrée inconnue.

2. — Ses habitants étaient sauvages. Ils demeuraient dans de grossières cabanes ou dans des grottes.

3. — Ils se nourrissaient des produits de la chasse et de la pêche, et ne s'habillaient pas comme nous nous habillons aujourd'hui; ils étaient généralement vêtus de peaux de bêtes et se tatouaient.

4. — Quelques-uns d'entre eux, ceux qu'on appelait les Caraïbes, et qui venaient plutôt des îles voisines, tuaient des hommes et mangeaient la chair humaine.

5. — C'est un très beau pays que le nôtre.

Le sol est d'une extrême fertilité; le climat est sain. Il est couvert de magnifiques forêts, possède des richesses minières considérables, et ne le cède à aucun autre pays pour la merveilleuse beauté de ses sites, le pittoresque incomparable de la nature. C'est pourquoi on l'a surnommé plus tard la *reine des Antilles*.

6. — Haïti est le premier nom de notre pays, celui qu'il a conservé. *Haïti* est un mot indien qui veut dire *terre montagneuse*. Il y a, en effet, beaucoup de montagnes chez nous. On l'appelait encore *Quisqueya*. C'est aussi un autre mot indien qui veut dire *grande terre*.

II

1. — En ce temps-là, il y avait dans une autre partie du monde, en Europe, un très grand savant qui s'appelait Christophe Colomb. C'est lui qui fit la découverte de l'île d'Haïti. Pour accomplir cette grande chose, il eut à surmonter des difficultés et des dangers de toutes sortes. La première fois qu'il arriva en Haïti, ce fut le 6 décembre 1492. Ce jour était la Saint-Nicolas. Alors, il donna au port dans lequel ses navires vinrent prendre mouillage le nom de Môle-Saint-Nicolas. Ce nom est resté, et la ville du Môle-Saint-Nicolas est aujourd'hui l'une des plus importantes de notre pays, grâce aux immenses avantages de sa position géographique.

2. — Les navires de Christophe Colomb n'étaient pas faits comme ceux que l'on voit actuellement. Ils étaient beaucoup moins commodes. C'étaient de tout petits bâtiments à voiles qu'on appelait plus spécialement des caravelles. Colomb avait fait son périlleux voyage à travers l'Océan Atlantique avec trois de ces petits bateaux : *la Pinta*, *la Santa-Maria* et *la Nina*. C'est la reine de Castille qui les avait mis à sa disposition. Cette reine s'appelait Isabelle.

———

III

1. — Les Aborigènes, c'est-à-dire les premiers habitants d'Haïti, étaient très beaux. Ils avaient le teint cuivré et des cheveux noirs et plats qui leur retombaient sur les épaules.

2. — Les Aborigènes étaient, en général, doux et paisibles.

3. — Colomb fut tellement émerveillé de la splendeur d'Haïti qu'il l'appela *Hispaniola*. *Hispaniola* est un mot espagnol qui veut dire *Petite Espagne*.

IV

1. — Les Aborigènes étaient commandés par les *Caciques*. Il y avait cinq *Caciques*, ou chefs, dont un à la tête de chaque cacicat, ou division territoriale ; car le territoire d'Haïti était alors divisé en cinq parties distinctes l'une de l'autre.

2. — Ils avaient aussi des prêtres, qu'on appelait *Butios* et qui étaient, en même temps, des médecins.

3. — Leur culte était très grossier. Ils adoraient *le soleil, le tonnerre, les arbres, les forêts, les sources, les couleuvres*, etc. Ils croyaient que toutes ces choses étaient des dieux.

4. — Les *caciques* présidaient les cérémo-

nies religieuses. Dans ces occasions solennelles, ils se couvraient le visage d'un masque orné de paillettes d'or et se ceignaient la tête d'une couronne également garnie d'or et de plumes.

Ils se faisaient ensuite porter sur un brancard par quatre *Butios* pendant toute la durée des cérémonies.

V

1. — Après la découverte, les Espagnols s'établirent en Haïti. Aveuglés par l'énorme quantité d'or qu'ils y trouvaient presqu'à chaque pas, ils donnèrent libre cours à leur cupidité et se montrèrent cruels envers les Aborigènes en les assujettissant tous aux durs travaux des mines.

2. — Les Aborigènes étaient très braves. Ils se révoltèrent contre l'oppression espagnole et combattirent à outrance pendant des années et des années.

3. — Hélas! les troupes espagnoles étaient mieux armées, mieux disciplinées que les bandes aborigènes. Elles finirent donc par en avoir raison.

Le résultat de cette lutte héroïque fut l'anéantissement presque complet de l'ancienne population d'Haïti, évaluée à deux millions d'âmes environ.

VI

1. — Et alors, comme il ne restait plus, ou à peu près, que la population coloniale, les Espagnols prirent la résolution de repeupler le pays au moyen de ce qu'on a appelé depuis la *traite des noirs*.

2. — La *traite des noirs* était la vente des hommes appartenant à notre race. On allait prendre ces malheureux jusque sur les côtes d'Afrique, et on venait les vendre en Haïti, comme des marchandises. Ceux qui les achetaient les faisaient travailler comme des bêtes de somme. C'est de là que vient cette expression qu'on voit quelquefois dans les livres : *Travailler comme un nègre*. Cela veut dire : travailler beaucoup, jusqu'à être éreinté.

3. — La traite des noirs avait pris de l'extension et était devenue l'une des branches les plus importantes du commerce colonial. Ce commerce était protégé. Il y a eu même deux édits de Louis XIV, roi de France, qui accordaient certains privilèges aux commerçants d'esclaves.

4. — Aujourd'hui l'esclavage est aboli partout. La France a été la première à renoncer à cette coutume barbare. C'est un noble pays. Il y a eu un grand Français, le Cardinal Lavigerie, qui a lutté, sans trêve ni merci, pour la cessation complète de la traite des noirs dans l'intérieur de l'Afrique. On peut dire qu'il a été, dans ce siècle, l'un des plus vaillants apôtres de la civilisation et de l'humanité.

VII

1. — Vers l'année 1625, il y eut des aventuriers français et anglais qui vinrent s'établir en Haïti : ce sont les *Flibustiers* et les *Boucaniers*.

2. — Les Flibustiers étaient des pirates. Ils étaient braves, hardis et belliqueux.

Les Boucaniers, au contraire, étaient plus paisibles. Ils mangeaient du gibier *boucané*, c'est-à-dire qu'ils faisaient cuire leur gibier dans un de ces grands feux qu'on appelle encore *boucan* chez nous. C'est de là que leur vient ce nom de *Boucaniers*.

3. — Les Flibustiers et les Boucaniers fondèrent des établissements, surtout dans le nord d'Haïti. Les Français chassèrent bientôt

les Anglais de l'île de la Tortue. Restés seuls maîtres de leurs possessions, ils changèrent bientôt le nom d'Haïti en celui de Saint-Domingue.

VIII

1. — Les établissements français de Saint-Domingue devinrent si importants que le Gouvernement de la France ne tarda pas à traiter avec l'Espagne, pour la cession de toute la partie occidentale de l'île.

2. — Mais, pendant les négociations, Français et Espagnols en vinrent aux mains.

3. — Les Français voulaient s'emparer de la ville de San-Yago occupée par les Espagnols et où, dit-on, il y avait d'abondantes richesses. Il y eut de sanglants combats.

4. — Les Français vainquirent les Espagnols, prirent San-Yago qu'ils brûlèrent et livrèrent au pillage.

5. — La lutte continua et, un an après,

les Français furent, à leur tour, vaincus par les Espagnols qui entrèrent au Cap-Français et exercèrent sur cette ville de terribles représailles.

6. — Enfin, en 1697, par le traité de Riswick, l'Espagne céda à la France toute la partie de l'île occupée par les colons français.

IX

1. — La colonie française devint bientôt riche et prospère. Un gouverneur fut nommé.

2. — On divisait la population de Saint-Domingue en trois classes distinctes : *les blancs*, *les affranchis* et *les esclaves*.

Les *blancs* étaient presque tous des grands planteurs.

3. — Les *affranchis* formaient la classe intermédiaire entre les blancs et les esclaves. On désignait ainsi tous les Haïtiens plus ou moins libres.

4. — En 1789, la population de Saint-Domingue comptait 40,000 blancs, 40,000 affranchis et plus de 600,000 esclaves.

5. — La Révolution française, qui pro-

clama les droits de l'homme, eut son écho à Saint-Domingue.

6. — La liberté est le plus important des droits de l'homme.

7. — Les Haïtiens voulurent être libres.

8. — D'abord, les affranchis commencèrent par réclamer leurs droits. Mais il y eut un club à Paris, composé de quelques *grands planteurs* de Saint-Domingue, qui s'opposa systématiquement à leurs justes prétentions. Ce club était appelé Club Massiac, parce qu'il se réunissait à l'Hôtel Massiac, à Paris.

X

1. — Alors Vincent Ogé et Jean-Baptiste Chavannes, deux affranchis très instruits, qui avaient fait leurs études à Paris, réclamèrent énergiquement, pour leur classe, l'exercice des droits qui avaient été accordés par un décret de l'Assemblée Nationale Constituante française.

2. — Malgré l'appui d'une société philanthropique, appelée *les Amis des noirs*, qui existait en France à cette époque, ils ne furent pas écoutés.

3. — Ogé, qui était à Paris, trompa la surveillance de la police et revint en Haïti.

4. — Ogé et Chavannes prirent les armes à la Grande-Rivière du Nord. Ogé eut le

tort de n'avoir pas voulu être de l'avis de Chavannes qui lui proposait de soulever les ateliers d'esclaves.

5. — Dans une première rencontre, ils battirent cependant les Français. Mais ceux-ci eurent bientôt de nombreux renforts et, cette fois, Ogé et Chavannes et leurs partisans furent battus et chassés de la position qu'ils occupaient.

6. — Après leur défaite, Ogé et Chavannes se réfugièrent dans la colonie espagnole. Le gouverneur français demanda leur extradition.

7. — L'extradition fut accordée. Ramenés au Cap, Ogé et Chavannes furent condamnés à la peine du *rouet*. Ils eurent les bras, jambes, cuisses et reins rompus vifs sur un échafaud dressé à cet effet, et leurs têtes coupées et exposées sur des poteaux.

XI

1. — Et, tandis que ces événements se passaient dans le Nord, les affranchis du Sud, ayant à leur tête André Rigaud, prenaient aussi les armes.

2. — Lorsqu'on apprit tout cela en France, l'Assemblée Nationale Constituante rendit un nouveau décret qui accordait aux affranchis certains droits politiques.

3. — Mais les grands planteurs, qui étaient les maîtres, jurèrent de livrer la colonie aux Anglais, plutôt que de consentir à l'exécution de ce décret.

4. — Un Comité d'affranchis se constitua

alors pour s'occuper de toutes les questions intéressant cette classe.

Le président de ce Comité s'appelait Pinchinat.

XII

1. — Pendant ce temps, des idées de liberté avaient germé parmi les esclaves.

2. — Ils se soulevèrent dans le Nord, massacrèrent les colons et brûlèrent les habitations.

3. — En même temps, les affranchis du Sud et de l'Ouest avaient recommencé la lutte contre les blancs.

4. — Saint-Domingue était à feu et à sang.

5. — Sur ces entrefaites, des commissaires français vinrent à Saint-Domingue avec un nouveau décret de l'Assemblée Législative. Ils étaient chargés de le publier et de le faire exécuter.

6. — Les grands planteurs firent tant et

si bien qu'ils empêchèrent les commissaires de remplir leur mission.

7. — De graves événements se déroulaient aussi en France. On avait aboli la Royauté et institué la République.

8. — La République envoya des agents à Saint-Domingue.

9. — Mais les grands planteurs, qui étaient presque tous royalistes, refusèrent de reconnaître l'autorité des agents de la République.

10. — Alors, ils conspirèrent à leur tour pour se défaire de ces agents, et exterminer définitivement toute la classe des affranchis. Ils n'y réussirent pas.

11. — Les commissaires, Polvérel et Santhonax, eurent recours aux esclaves pour soumettre les colons rebelles et proclamèrent la liberté de tous ceux qui vinrent se ranger sous leur drapeau.

12. — Les esclaves vinrent en grand nombre.

13. — Les colons furent bien obligés de se soumettre et de reconnaître l'autorité des agents de la République.

XIII

1. — Les Espagnols et les Anglais surent tirer profit de tous ces désordres dont la colonie française était le théâtre.

2. — Les Espagnols, avec l'aide de quelques chefs noirs, parmi lesquels se trouvait Toussaint-Louverture, s'emparèrent de plusieurs villes du Nord, situées au-delà de leurs frontières.

3. — Les principales villes du Sud et de l'Ouest étaient, en même temps, tombées au pouvoir des Anglais.

4. — La situation devenait critique.

5. — L'un des commissaires français, Santhonax, dans le but de calmer l'esprit de révolte qui s'était insinué peu à peu dans le

peuple des esclaves, fit alors un grand acte.

6. — Le 29 août 1793, il proclama la liberté générale des esclaves.

7. — Quelques mois plus tard, le 4 février 1794, la Convention Nationale proclamait, par un décret, l'abolition de l'esclavage dans toutes les colonies françaises.

XIV

1. — Toussaint-Louverture est un des plus grands hommes de notre race.

2. — Fils d'un prince africain qui avait été transporté en Haïti et vendu comme esclave à un grand planteur, Toussaint naquit vers 1735.

3. — C'était un enfant très intelligent. Mais, comme on ne donnait aucune instruction aux enfants des esclaves, il ne sut même pas lire de bonne heure, comme les enfants d'aujourd'hui. Ce n'est que longtemps, longtemps après, quand il devenait vieux, que Toussaint apprit à lire et à écrire. Il avait alors cinquante-quatre ans.

4. — Cependant son père lui avait enseigné

les propriétés de certaines plantes. Toussaint était ainsi devenu un peu médecin. Il soignait quelquefois les esclaves malades.

5. — Plus tard, Toussaint fut un brave capitaine.

6. — Il servit tour à tour l'Espagne et la France, non pas comme une girouette, mais selon que cela pouvait contribuer à la réalisation de son grand rêve, qui était la liberté et l'indépendance de son pays.

7. — Il est arrivé au grade de général de division de l'armée française.

XV

1. — L'autorité de Toussaint grandissait avec les événements.

2. — Il battit les Anglais et les Espagnols et reprit toutes les villes françaises qui étaient tombées en leur pouvoir.

3. — Il fut proclamé général en chef de l'armée coloniale.

4. — Le commissaire français Santhonax était retourné en France. Il fut remplacé par un autre appelé Hédouville.

5. — Hédouville ne tarda pas à se brouiller avec Toussaint-Louverture, qu'il voulait dominer.

6. — Toussaint l'obligea à s'en aller bien vite.

XVI

1. — Hédouville, qui était un homme méchant et qui n'aimait pas les hommes de notre race, fit alors une chose affreuse.

2. — André Rigaud était aussi un grand Haïtien. Il commandait la province du Sud.

3. — Hédouville trouva moyen de désunir complètement Toussaint et Rigaud. Il en fit des ennemis acharnés.

4. — Toussaint et Rigaud en vinrent aux mains avec les forces respectives dont ils disposaient.

5. — Ce fut la première guerre civile qui désola notre pays.

6. — C'était un bien grand malheur.

La Patrie est toujours très malheureuse lorsque ses propres enfants s'entre-tuent.

XVII

1. — Toussaint vainquit Rigaud, prit possession de la partie espagnole et réunit toute l'île sous sa domination.

2. — Il l'administra bien, protégea le commerce et l'agriculture, et organisa le travail. Il comprenait déjà que le travail est la base la plus sûre des sociétés humaines.

3. — Le 5 février 1801, il convoqua à Port-au-Prince une Assemblée centrale de dix membres qui vota une Constitution pour la Colonie, et le nomma *gouverneur général à vie* de Saint-Domingue.

C'était presque l'indépendance.

XVIII

1. — On s'inquiéta beaucoup en France des procédés de Toussaint-Louverture et de l'influence incontestable qu'il exerçait à Saint-Domingue.

2. — Les grands planteurs intriguèrent, et Bonaparte, qui était alors premier Consul, fit une expédition pour soumettre Toussaint et briser son autorité et son influence.

3. — C'est le général Leclerc, beau-frère de Bonaparte, qui commanda cette expédition forte de 25,000 hommes.

4. — Il y eut plusieurs combats entre les troupes indigènes et l'armée française. Les Haïtiens firent partout des prodiges de courage.

XIX

1. — Les plus célèbres combats qui eurent lieu alors entre Français et Haïtiens sont ceux qui amenèrent l'évacuation de la *Crête-à-Pierrot*.

2. — La *Crête-à-Pierrot* est un fort situé dans le département de l'Artibonite.

3. — C'étaient les Haïtiens qui étaient dans le fort. Il fut assiégé pendant un mois.

4. — Avant l'attaque du 11 mars 1802, Dessalines, qui était le chef de la garnison du fort, réunit ses soldats.

5. — Il leur dit : « Nous serons attaqués ce matin. Je ne veux ici que des braves! Que ceux qui veulent redevenir esclaves sortent du fort! Que ceux, au contraire, qui veulent

mourir en hommes libres se rangent autour de moi! »

— Ils répondirent tous : « Nous mourrons pour la liberté! »

6. — Alors Dessalines prit une torche allumée, et, l'approchant d'un caisson de poudre : « Je vous ferai tous sauter, dit-il, si les Français pénètrent dans ce fort! »

7. — Les Français attaquèrent, en effet. Les soldats haïtiens combattirent vaillamment pendant six jours. Mais, comme ils n'avaient plus ni vivres, ni munitions, et qu'ils n'étaient plus qu'une poignée, ils résolurent d'abandonner le fort.

8. — Cependant, le fort était investi de tous côtés par 18,000 hommes. Les Haïtiens n'étaient plus que 900. Comment faire pour sortir? Les soldats de la Crête-à-Pierrot étaient braves entre les plus braves. Ils firent une trouée à la baïonnette à travers les gros bataillons français commandés par le général Ro-

chambeau et s'en allèrent à l'endroit appelé Morne-du-Calvaire, où Dessalines s'était rendu, quelques jours avant, pour recruter de nouvelles forces. Cette glorieuse défaite ne vaut-elle pas une victoire?

C'étaient les généraux Magny et Lamartinière qui commandaient nos soldats.

XX

1. — Les Haïtiens, malgré tout leur courage, furent encore battus aux *Gonaïves*, à *Saint-Marc*, à *Trois-Rivières* et à la *Ravine-à-Couleuvre*.

2. — Les Français étaient munis de bonnes armes. C'étaient aussi des soldats aguerris et disciplinés, tandis que nos soldats, à nous, étaient des soldats improvisés et mal armés.

3. — Les forces n'étaient donc pas égales.

4. — Cependant, la victoire fut désastreuse pour les Français. Elle leur coûta cinq mille hommes en trois mois.

5. — Quand la paix fut rétablie, l'île entière reconnut l'autorité du général Leclerc.

6. — Toussaint-Louverture, dépossédé de la haute autorité dont il était revêtu, fixa sa résidence à Ennery.

7. — Ennery, qui est aujourd'hui une commune du département de l'Artibonite, était une grande et superbe habitation qui appartenait à Toussaint.

XXI

1. — Toussaint était surveillé très activement.

2. — Mais lui, aussi ferme dans son malheur qu'il l'était auparavant, ne s'occupait que de la culture de ses terres.

3. — Il aimait beaucoup l'agriculture et avait prouvé à ses compatriotes que c'était la plus grande source de richesses dans notre pays. Son habitation était, en effet, splendide et lui rapportait beaucoup.

4. — Cependant, le général Leclerc craignait fort l'ancienne influence de Toussaint-Louverture.

5. — Il résolut, un jour, de se débarrasser de cet homme gênant.

6. — On s'empara de Toussaint par ruse et guet-apens.

7. — Son arrestation a été un véritable coup de traître, indigne d'un général français.

8. — Fait prisonnier, Toussaint-Louverture fut transporté en France avec sa famille.

9. — Arrivé en France, on l'enferma dans les cachots du fort de *Joux*.

10. — Après dix longs mois d'une affreuse captivité, celui qu'on a surnommé le *Premier des Noirs*, mourut en avril 1803, à l'âge de soixante-huit ans.

XXII

1. — Après la déportation de Toussaint, l'esclavage avait été rétabli à Saint-Domingue.

2. — Alors les Haïtiens se révoltèrent de nouveau.

3. — Ils proclament Dessalines général en chef.

4. — Cette fois, les Français sont battus à chaque rencontre.

5. Au même temps, le général Leclerc meurt de la fièvre jaune.

6. — L'épidémie s'abat dans les rangs de l'armée française et fait de nombreuses victimes.

XXIII

1. — Harcelés de toutes parts, les Français, commandés par le général Rochambeau, s'étaient réfugiés à Vertières.

2. — Vertières est un fort situé non loin du Cap.

3. — Le brave général Capois, surnommé depuis « La Mort », à la tête des troupes haïtiennes, s'en rendit maître.

4. — Et voici comment :

Les Français étaient bien décidés à se battre jusqu'à la dernière cartouche, et les Haïtiens, de leur côté, avaient juré d'enlever le fort à l'assaut. La bataille eut lieu. Ce fut terrible. En vain, boulets et mitrailles entassaient sur le chemin des monceaux de cadavres, nos braves soldats, gais et fiers, marchaient à l'assaut. Ils se riaient de la mort. Et qu'importait la mort ! Ils voulaient vivre libres ou mourir. Le général Capois était à cheval et excitait ses soldats. Tout à coup, un boulet renverse son cheval. Il tombe, se lève aussitôt, brandit son sabre, et, montrant dans un beau geste l'entrée du fort à ses soldats, il s'écrie : « En avant ! en avant ! » Les Français applaudirent. Des centaines de voix crièrent : « Bravo ! Bravo ! » Rochambeau lui-même, émerveillé de ce farouche courage, fit cesser le feu et dépêcha un de ses officiers d'ordonnance qui adressa, en son nom, au général Capois, toutes ses félicitations.

Puis, la bataille continua. Les Français abandonnèrent le fort et rentrèrent au Cap.

5. — Enfin, quelques jours plus tard, il n'y avait plus de Français à Saint-Domingue. Tout le territoire fut évacué.

XXIV

1. — Les Haïtiens, devenus complètement libres, proclamèrent l'indépendance de leur pays.

2. — L'indépendance d'Haïti a été proclamée aux Gonaïves, le 1er janvier 1804.

3. — Gonaïves est aujourd'hui le chef-lieu du département de l'Artibonite.

4. — Rappelez-vous toujours, petits Haïtiens, que c'est par l'union de tous les cœurs que notre pays a pu conquérir sa liberté et son indépendance.

Les Haïtiens doivent vivre unis. Notre devise nationale est : « L'union fait la force. » Il faut la mettre en pratique. C'est la première condition pour que le pays fasse des progrès.

XXV

1. — Nommé gouverneur général à vie, Dessalines se fit proclamer empereur, en septembre 1804.

2. — Il mécontenta bientôt le peuple et fut tué en octobre 1806, au Pont-Rouge, non loin de Port-au-Prince.

3. — Tous les Haïtiens doivent regretter ce malheureux événement, car Dessalines a été le fondateur de l'indépendance haïtienne.

XXVI

1. — Le général Henri Christophe, un des héros de la guerre de l'indépendance, fut alors élu Président d'Haïti par une Assemblée Constituante réunie à Port-au-Prince.

2. — Il n'accepta pas le pouvoir, parce que, disait-il, la Constitution ne donnait pas assez d'autorité au chef de l'État.

3. — Il se retira dans le Nord où il se fit proclamer roi d'Haïti, sous le nom de Henri Ier.

4. — Comme c'était très mal ce qu'il avait fait, le Sénat le mit hors la loi, et nomma Pétion président d'Haïti.

5. — Christophe fit la guerre à Pétion, et assiégea Port-au-Prince en deux fois.

6. — Ayant vu qu'il ne pouvait vaincre Pétion, il s'en alla vivre en paix dans son royaume du Nord.

XXVII

1. — Christophe était un tyran.

2. — Pétion était bon et sage. Il fit du bien à ses concitoyens. Il fonda des écoles, encouragea le commerce et l'agriculture.

3. — Pétion mourut en mars 1818, à l'âge de quarante-huit ans.

XXVIII

1. — C'est le général Jean-Pierre Boyer, commandant de l'arrondissement de Port-au-Prince, qui fut élu Président d'Haïti à la mort de Pétion.

2. — Christophe mourut en 1820. L'île entière ne forma plus alors qu'un seul État.

3. — Boyer resta Président d'Haïti pendant vingt-cinq ans. C'est sous son gouvernement que notre indépendance fut reconnue par la France. Cela nous coûta une indemnité de *cent cinquante millions de francs* ou *trente millions de piastres*.

4. — Au mois de janvier 1843, une insurrection éclata dans le Sud contre le Président Boyer.

5. — Les insurgés furent victorieux, et Boyer fut obligé de quitter Haïti.

6. — Boyer mourut à Paris, en l'année 1850, à l'âge de soixante-dix-sept ans.

XXIX

1. — Après Boyer, il y eut quatre Présidents d'Haïti, qui ne furent pas chacun plus d'un an au pouvoir.

2. — Ces quatre Présidents sont :

1° Charles Hérard, aîné (1843-1844) ;

2° Guerrier (1844-1845) ;

3° Louis Pierrot (1845-1846) ;

4° Riché (1846-1847).

3. — C'est pendant la présidence de Charles Hérard aîné, que la partie de l'Est, l'ancienne colonie espagnole, se détacha de la République d'Haïti pour se constituer en État indépendant.

Cet État est aujourd'hui la République dominicaine.

XXX

1. — Lorsque Riché mourut, le Sénat élit le général Soulouque président d'Haïti, le 1er mai 1847.

2. — Après deux années de Présidence, Soulouque se fit proclamer empereur d'Haïti, sous le nom de Faustin Ier.

3. — L'Empire dura plus de neuf ans, de 1849 à 1859; l'Empereur tenta de reconquérir la partie de l'Est. Il n'y réussit pas.

4. — Le 15 janvier 1859, l'Empire fut renversé, et la République proclamée.

5. — La Révolution ayant triomphé, l'Empereur fut obligé de quitter Haïti.

6. — Il y revint en 1867, et mourut au Petit-Goâve, sa ville natale, au mois de juillet de la même année.

XXXI

1. — Fabre Geffrard devint Président d'Haïti à la chute de l'empire.

2. — De nombreux progrès furent accomplis pendant son administration.

3. — Geffrard développa l'instruction publique, encouragea l'industrie et l'agriculture, releva le prestige de l'armée haïtienne, fit le Concordat.

4. — Il vainquit pourtant plusieurs insurrections et, finalement, donna sa démission.

5. — Les successeurs de Geffrard à la Présidence de la République d'Haïti sont:

1° Sylvain-Salnave (1867-1870) ;

2° Nissàge-Saget (1870-1874) ;

3° Michel-Domingue (1874-1876) ;

4° Boisrond-Canal (1876-1879) ;

5° Louis-Salomon (1879-1888) ;

6° François-Légitime (1888-1889).

6. — Le citoyen Florvil Hyppolite est le Président actuel de la République d'Haïti.

XXXII

1. — Notre pays deviendra l'un des plus beaux pays du monde quand on aura accompli toutes les réformes et réalisé tous les progrès qu'il attend.

2. — La construction des *routes publiques* et *des chemins de fer*, le relèvement de l'*agriculture*, l'*embellissement de nos villes*, l'*instruction primaire* largement répandue, le *travail* organisé : voilà surtout ce que le pays réclame dans sa situation actuelle.

3. — Enfants, vous serez les citoyens de demain. Vous aurez des devoirs envers la Patrie. Tous, vous devez vous montrer, dès maintenant, des élèves laborieux et sages, afin de pouvoir lui être utiles un jour.

4. — La Patrie a besoin du concours de tous ses enfants pour devenir grande et belle.

5. — Aimer et servir la Patrie, c'est obéir à ses lois, respecter ses institutions, honorer ses grands hommes, conserver toutes ses traditions de gloire, veiller à son autonomie et travailler, chacun dans sa sphère, à son progrès matériel et moral.

6. — Notre pays attend tout de l'avenir.

7. — N'oubliez pas, chers petits Haïtiens, que vous êtes l'avenir.

Tours. — Imprimerie Deslis Frères, 6, rue Gambetta.

www.ingramcontent.com/pod-product-compliance
Ingram Content Group UK Ltd.
Pitfield, Milton Keynes, MK11 3LW, UK
UKHW020345250726
13967UKWH00005B/2116

9 782012 942929